AF418004